オルタナティブの
はじまり

「オルタナティブ(alternative)」という言葉には、「既存・主流のものに代わる何か」という意味がある。「左官」からイメージするのは、伝統建築の土壁や漆喰などかもしれない。一般的に左官工事は、ビルやマンション、公共施設などの「野丁場《のちょうば》」と個人住宅などの「町場《まちば》」に分かれるが、私の会社が手掛けているのは、そのどちらでもない「店舗左官」と呼ばれるものである。店舗の内外装を主軸としているのは、左官業界でも異色だと思う。

きっかけは30年ほど前、女性の職人が漆喰にアイシャドウや口紅を入れたことだった。今でこそ女性の職人も珍しくないが、その頃、左官の世界は男社会。そのなかで女性を職人として採用したのは、当時、社長だった私の父が職人出身ではなかったかならこそできたのだと思う。彼女たちの既成の枠にとらわれない自由な発想も柔軟に取り入れ、大きな転機となった。

かつて店舗左官は、工期が短い、現場の制約が多く段取りが難しいなどの理由で左官業界では敬遠されていたが、やってみると実に面白かった。ブランドのコンセプトやデザイナーのイメージを左官で表現し、形にする。難題にも試行錯誤しながら答えを出し、今では「店舗左官といえば、原田左官」とまで言われるようになった。

あすなろ（翌檜）という木がある。井上靖の小説『あすなろ物語』のなかで、あすなろは「明日は檜になろう」と一生懸命に努力している木なのだと書いてあった。私たちも、それに似ていると思う。明日は何かになりたくて、日々目の前の仕事に向き合っていく。そうしていくうちに、気がついたら「店舗左官」という独自の道を見いだすことができた。檜にはなれなかったかもしれないが、あすなろにはあすなろにしかない魅力がある。

町中を注意深く探せば、左官の仕事を見つけられるはずだ。明日行くカフェの壁は左官かもしれない。見つけたら、そっと触れてみてほしい。そこには職人の手仕事のあとが残り、温もりが感じられるだろう。

目次

思考の余地

職人による微妙なゆらぎは

手仕事の味であり

個性である

左官の魅力は、なんといっても手仕事による味である。そこには人の手のあとが見え、職人の思いが感じられる。

左官は1000年以上続く伝統的な職人の仕事であり、祖父の時代まで、壁は左官で塗ることが当たり前だった。しかし、建築の工業化の波に乗れず、現場で材料を調合し、人が手で塗る左官は非効率的ととらえられ、仕事は減っていった。

確かにパネルやボードを組み立てる乾式工法は、時間も費用も抑えられる。同じものを効率よく建てようとしたら、かなうはずもない。左官の仕事が減った原因には職人による仕上げのバラつきもあったのだが、逆にそれを魅力ととらえることができるのではないか。大きな差異は問題だが、技術をそろえていけば、バラつきもある程度、整えられる。微妙なゆらぎは味となり、個性となる。

左官は職人的余地が残っている数少ない仕事だと思う。戦後、左官の材料は、水を混ぜればすぐに塗れる既調合材が増えた。決められたものを決められたとおりに塗ることは、確かに左官の仕事を楽にしたかもしれない。しかし、職人が考える余地は減ってしまった。私の会社でも、既調合材を使うことはよくあるが、職人にはどんな材料からできているのかを考えてもらうようにしている。根本から理解すれば、アレンジもできる。

建築家やデザイナーとの仕事は、職人的余地を与えてくれる。常に新しい挑戦の連続だ。イメージ写真として左官とはまったく関係のないものを渡されることも多く、最初は正直、「こんなものはできない」と言う職人もいた。しかし、みんなで知恵を絞り、試行錯誤した末に完成したものを前にすると、「左官はこんなこともできるのか」と驚き、無理難題がきても「とりあえず、やってみよう」という姿勢に変わっていった。経験の積み重ねは自信となり、次のアイデアを連れてくる。職人たちのなかに、そんな循環が生まれている。

左官の面白さは現場にある。事前にサンプルを作っておくが、それをそのまま仕上げることはなく、現場で生まれる空気感、建築家やデザイナーとやりとりしながら、完成度を高めていく。「Time & Style Atmosphere」はその最たる例だ。現場での化学反応は、そこでしか生まれない唯一無二の表情をつくりだす。

思考の余地とは、職人のセンスともいえる。全体をイメージしながら、ディテールやタッチを工夫していく。アノニマス（匿名性、作者不詳）で良いもの。それをつくることが私たちの仕事だと考えている。

01

偶然がもたらす美

Time & Style Atmosphere

design: Time & Style

天井と壁の墨モルタルがニュアンスのある表情を見せる。

a
b

a. ランダムなムラ感が照明の光によって浮かび上がる。
b. 寒水石と砂を混ぜ、岩のようなざらりとした質感を表現。
c. 力強いモルタル仕上げが木の家具の背景となる。

デザイナーと職人の協働が無作為な表情を生み出す

ざらりとした質感、力強さを感じさせる荒々しい表情。南青山にある「Time & Style Atmosphere」は根津美術館の庭園を借景とし、岩肌のようなマットな左官が、みずみずしい緑を引き立てている。南青山の既存店舗を「Time & Style Atmosphere」として改装するにあたって、代表であり全製品のデザインを監修する吉田龍太郎氏から直接依頼を受けた。

「Time & Style」は、日本の伝統的な美意識と現代のライフスタイルの融合を目指している。シンプルながら心地よい緊張感を備えた木の家具は、和のような洋のような、ニュートラルなたたずまいだ。その唯一無二の世界観を浮かび上がらせるべく、吉田氏が選んだのが寒水石（石灰質の白い骨材）と砂を混ぜた質感のある墨モルタルだった。オープンが迫り、吉田氏が原田左官に来社した1週間後には、施工に入った。床・壁・天井、階段に至るまで、約3週間で塗り上げるのは容易なことではない。サンプルはいくつか出したが、細かな鏝《こて》のタッチは、現場の自然光や照明の光の入り方を見ながら、吉田氏が職人とともにアドリブで決めていった。タッチが強過ぎるとくどい印象になり、弱過ぎると印象が薄くなってしまう。不自然ではないランダムなムラを出すのが、実は非常に難しい。吉田氏が職人の動きをよく理解したうえで鏝の動かし方やニュアンスを的確に指示してくれたおかげで、絶妙なニュアンスを生み出すことができた。デザイナーと職人の現場での協働があったからこそ、そのとき、そこでしか生まれない、偶然がもたらす美をつくり出すことができたのだと思う。

02

ひかる左官

BISTROT L'adret

design: 海法圭建築設計事務所
photo: Soichiro Suizu

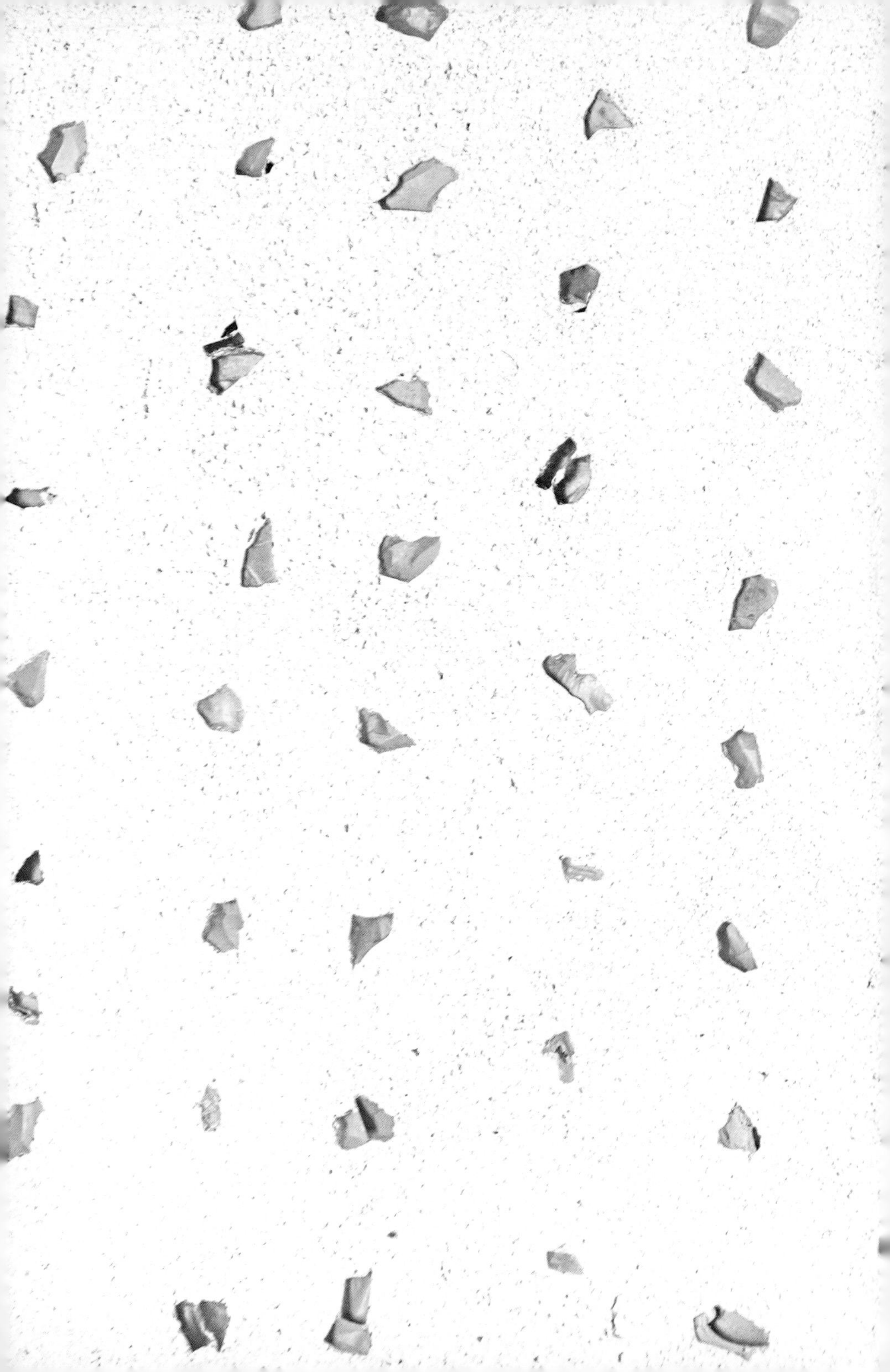

テラゾのガラスは一つひとつ手で並べた。

小さなガラスの連続が空間のあり方を再定義する

伝統的な「ひかる左官」といえば、土壁の中に鉄粉を混ぜ、酸化によってできる錆が蛍のように見える「蛍壁」がある。現在は、左官の技術や素材が進化し、もっと手軽に「ひかる壁」「ひかる床」を実現できるようになった。左官は基本的に無機質な素材が多く、マットな表現を求められることが多いが、骨材や工法を工夫すれば、きらりとひかる表現ができる。もちろん左官自体が発光することはなく、例えばモルタルにガラスを入れて洗い出したり、鉱石を入れて研ぎ出すほか、左官にラメを混ぜ込んだり、蓄光材を骨材にする方法がある。近年、開発された透明の樹脂やプライマーを使えば、ガラスビーズを透明の樹脂で固め、「ひかる壁」ならぬ、「透ける左官」も可能となった。

「BISTROT L'adret」は、ゴールドでコーティングしたガラスの新しい骨材を建築家の海法圭氏が気に入り、採用した事例だ。海法氏は「地域に根ざしたビストロらしさ」を表現するために、パリの小さなビストロをリサーチし、タイルという小さな単位の反復が空間全体を特徴づけていることがビストロという空間の面白さだと気づいたという。パリのビストロの空間性を日本の左官技術で実現するため、私の会社には「小さなガラスの骨材を規則正しく並べたテラゾによって小さな単位の集積を再定義したい」ということが伝えられた。表面を研磨するとガラスの断面が現れ、ゴールドがガラス越しに透けて見える。光を受けて静かに底光りする左官が、和と洋を超えた唯一無二の個性を与えるのにひと役買っている。

恵比寿のエスニックレストラン「Nouvelle Ethnique ATHA」。壁は、照明が当たる下方は磨いて艶を出している。チョコレートのような色合いは、上に行くほどグラデーションで濃くなり、マットな仕上げになっている。上方の暗い色の中には虎目石を入れ、星がきらりと光る夜空のような雰囲気をつくり出している。

東京・千駄木にある原田左官のショールーム「TILE LIBRARY」。外壁は玉石洗い出し仕上げで、緑や白、ピンクの透明感のある玉石が太陽の光を受けて上品にきらめく。雨に濡れると、しっとりとした表情となり、和の風情に。玉石がネットに貼りついた「洗い出しシート」を用いているので、曲面にも施工できる。

03

—

写しのその先

喜わ

design: SUPPOSE DESIGN OFFICE Co.,Ltd.
photo: Kenta Hasegawa

a
b

a. スライスした岩を並べたユニークな石庭。
b. 石やテラゾなど硬質な素材に木が柔らかさを添えている。
c. エントランスの踏み石にテラゾが調和している。

静謐な和の素材が
石庭と室内を緩やかにつなぐ

テラゾ（Terrazzo）は、セメントと骨材を混ぜたものを塗りつけ、硬化させたあとに表面を研ぎ出すことで石のような表情を出した左官のことで、石の代わりとして生まれたものである。イタリア語で「人造石」を意味し、石の文化であるヨーロッパでは古くから行われてきた技法で、日本に西洋建築が入ってきた明治期から用いられるようになった。現在は、昔から骨材として使われている大理石や花崗岩などの砕石だけでなく、研磨機の性能が良くなったことから、昔は硬くて研磨できなかった玉石（川原にある丸い石）やガラスなども使えるようになった。人気が衰退していた時期もあったが、近年は復活しているようだ。最初は石に憧れ、砕石でなんとか石を表現しようと生み出されたテラゾが、本物の石にはない独自の魅力を備えていることに多くの人が気づいたのだと思う。

天ぷら専門店「喜わ」は、SUPPOSE DESIGN OFFICEから「和を感じさせる素材で」というリクエストだった。骨材には1㎜程度の寒水石とネロエバノという海外の黒い石を選び、乾いたあとに表面を研磨していくことで、石庭の岩や砂利と緩やかにリンクする表情に仕上げた。このテラゾは「ビールストーン」という最新素材であり、5㎜という薄さでこれまでと同様の表現ができるだけでなく、追従性のある特殊セメントを使っているのでクラックが入りにくい。「喜わ」では床の立ち上がりまでシームレスにつないでいるが、角をアールにするディテールもビールストーンであれば施工しやすく、一体感のある表現にすることができた。

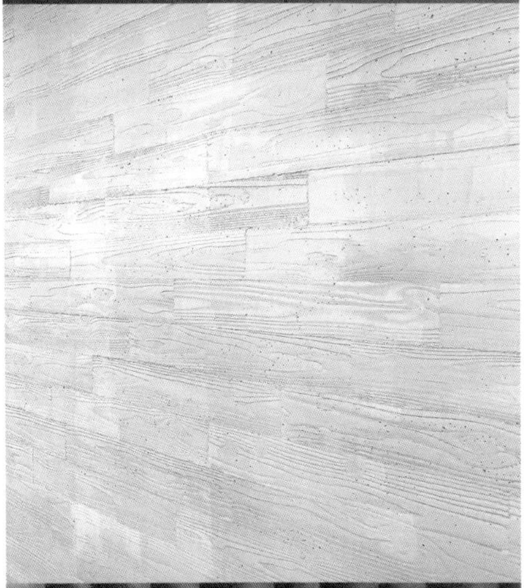

コンクリート打ち放し風に仕上げた渋谷の美容室「blink」。通常のコンクリート打ち放しであれば型枠を組むところから始まるが、この仕上げは3㎜程度の薄塗りで、石膏ボードにも塗ることができるので、コンクリートを打設できない既設空間にも施工できる。Pコン穴の位置や目地の有無も自由に選べる。

「外房線 上総一ノ宮駅」は、外壁にモルタルのうづくり仕上げを施工。モルタルが半乾きのうちに木目をスタンプのように押しつけていくのだが、下地で仕上がりが決まってしまうため、モルタルを均等に塗ることが重要となる。

エントランスの壁を竹模様のモルタルで仕上げた「アジアンビストロ Dai 日本橋店」。竹を割った内側と外側の二つのバージョンでサンプルを作った結果、内側が採用された。モルタルを一定の厚みに塗り、竹を模した型を引いて凹面を作っている。グレーの色も墨だけでなく、数色を混ぜてグレーを表現している。

STAR BAR
NAMIKI

04

—

海の向こうの表現

MODERNS GINZA
STAR BAR NAMIKI

design: Yuhei Ooi / Kentaro Amano (SAVAC inc.)
photo: Masato Kawano (Nacása & Partners Inc.)

壁は外壁の色に合わせた墨モルタル。

1階の「STAR BAR NAMIKI」のカウンターもオルトレマテリア。ワインやコーヒーの染みもつきにくい。

STAR BAR
GINZA

奥行きのある表情と鈍い光沢が時の経過を表現する

左官は世界中に存在する。私の会社はイタリアの左官メーカーと縁が深く、以前、イタリアに行った際、カルロ・スカルパが設計したヴェローナの博物館「カステル・ベッキオ」や「ヴェローナ市民銀行」の左官仕上げに非常に感銘を受けた。特に印象的だったのは、鏡のように磨き上げたスタッコ仕上げ(化粧漆喰)。深い青やオレンジ、時には色を組み合わせるなど、巧みにスタッコを用いていた。

近年、私の会社が取り入れているのが「オルトレマテリア」というイタリアの左官材である。オプションが非常に多く、この材料を開発したエコマット社は「標準仕上げが電車のようなサービスなら、オルトレマテリアはタクシーのサービス。幅広いオプションで行きたい場所の近くまで連れていってくれる」と仕上げの多彩さを表現していた。

銀座の並木通りにある「MODERNS GINZA」は、何十年、何百年前から建っているかのようなたたずまいにするためオルトレマテリアで仕上げた。設計を手掛けたSAVACがオーナーのイメージとして最初に見せてくれたのが、黒ずんだ鉛でできた金庫。外壁に塗るため汚れにも強く耐候性が必要で、かつ古びた金属のような肌合いを表現するにはこの素材が最適だった。施工の途中、遠目で見た際に色ムラが分かりにくいことに気づき、あえて使い込んだガサガサのローラーを使いムラ感を出した。最後にメタリック塗料を薄く塗って表面に鈍い光沢を出し、時間の経過を感じさせる表情と、銀座にふさわしい重厚感のあるたたずまいをつくり出すことができた。

message from

海法 圭
海法圭建築設計事務所

KEI KAIHOH

原田左官さんとの初めての仕事は、出版販売社の元保養所をブックホテルによみがえらせる計画でした。廃棄される大量の雑誌を、細かく断裁する処分場を見学した直後で、その紙片を再利用した左官ができないかと無茶な相談をしたのでした。担当の方は職人が納得のいく出来にはならないかもしれないが挑戦してみる、と何度かサンプル製作をしてくれました。結局僕自身も紙と左官の相性の悪さを実感しその案は実現しませんでしたが、挑戦に向き合う熱意が心に残りました。小さなビストロの設計時にも、通常は骨材がランダムに浮き上がる人研ぎの基本原理を無視して骨材が整然と並ぶようにしたい、とこれまた難しい相談をしたのでした。結果、田植えのように一つひとつ骨材を植えるという極めて面倒で精度が必要な作業を、効率的に実現する手法を開発していただき、美しい床が実現しました。2つの仕事を通して、挑戦に向き合う担当者の熱意と、熟練の職人の技術への信頼、そして両者が緊張感をもちつつ尊重し合う様子を感じたのでした。

新しさへの挑戦と熟練の技術への信頼、
両者が拮抗する気配が
左官の仕上がりに現れる

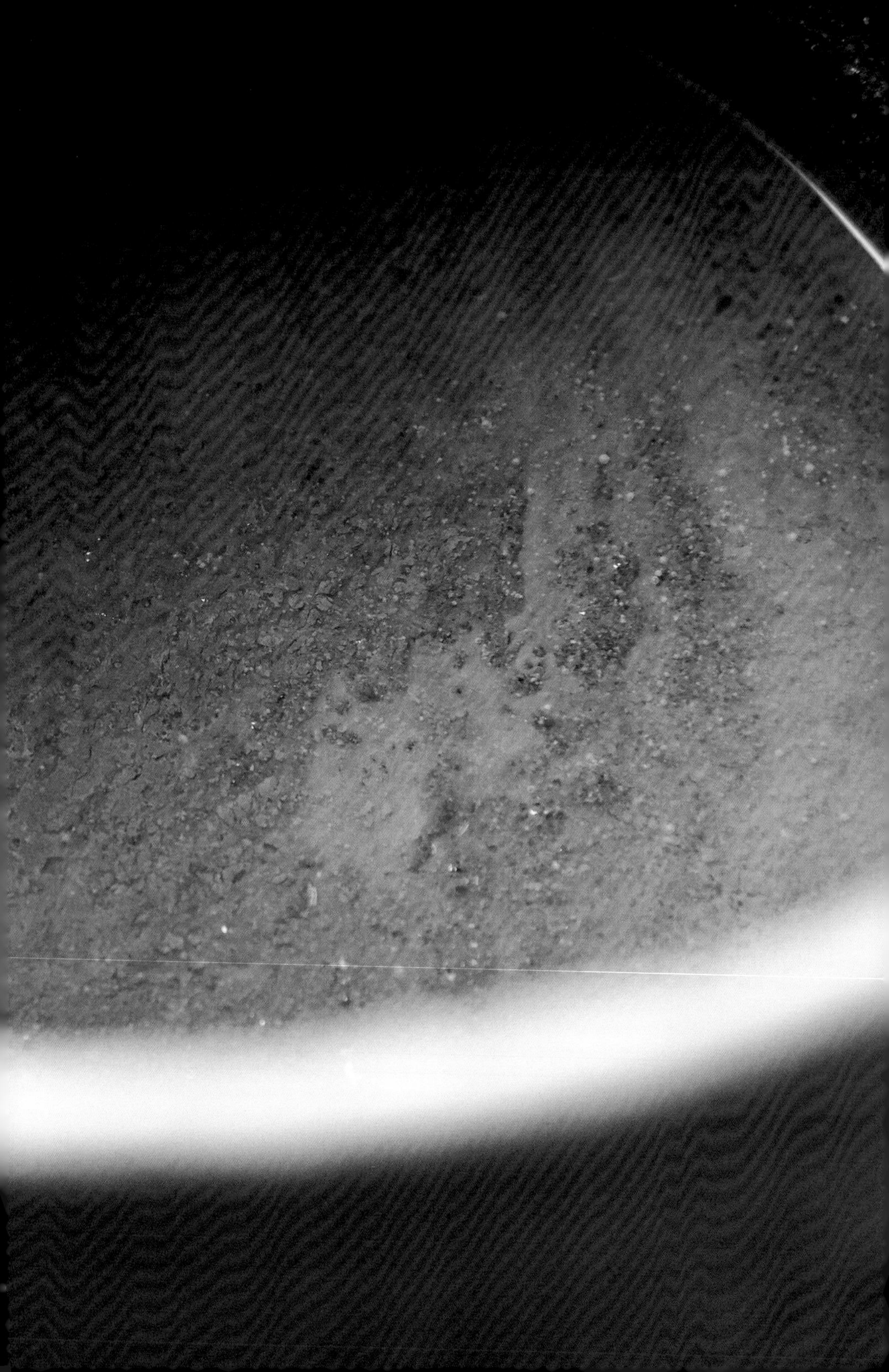

許容する素材

あらゆるものを受け入れ

無限に表現する

左官という懐の深さ

かつて左官は、大工同様に、構造に関わる重要な職種だった。伝統的な土壁は、小舞を編んだ下地の上に何度も土を塗り重ねて作る。現代は仕上げの仕事が増え、建物の構造を担うことは少なくなった。しかしその分、構造から解放され、自由になったと考えられるのではないだろうか。

左官は自由自在な素材だ。セメントや粘土、石灰などの固化材に骨材、顔料、スサなど多種多様な材料を混ぜあわせ、コテで塗る以外にも、磨く・掻く・研ぐ・洗うなどの動作によって多彩な質感と造形を作りだす。順列と組み合わせにより、表現は無限にある。

原田左官には、医薬品や繊維など、左官とは無縁とも思えるメーカーが材料を持ち込んでくる。色の表現で悩んでいたとき、通常であれば顔料を使うのだが、偶然、工場にあったインディゴの染料を混ぜてみると、ダメージジーンズのような色と表情になった。またあるとき、最新の樹脂が届いたことから、壁だけでなく家具にも塗れる天然土の素材も開発した。発見はいつも、思いもよらぬところからもたらされる。

建築家やデザイナーからは、これまで左官材に混ぜ込まなかったような材料を入れたいというリクエストも多い。銅やリサイクルガラス、茶葉、アーモンド。小豆を入れたときは、あとで小豆から芽が出て困ったこともあったが……。戦国時代、かの加藤清正は、籠城に備えて城の土壁にかんぴょうを練り込んだという話も聞く。左官は懐が深く、あらゆるものを許容する。

月刊『さかん』の編集長、小林澄夫氏は『左官礼讃Ⅱ 泥と風景』のなかで、「塗り壁にメニューはあるがレシピはない」と書いている。かつては町中に、土壁や漆喰壁など左官で仕上げた建物があり、「あの家のこの壁のように」と左官屋に頼めたが、現代は左官で仕上げた建物を見る機会も少なくなった。そのため、どのように選べばいいか分からないという人も多い。原田左官ではカタログを作り、あえて絞ることで選びやすいようにしているが、それはあくまで入り口だ。漆喰にラメを吹き付けたり、テラゾに色ガラスや蓄光石を入れるなど、基本をアレンジする方法もある。

左官にルールはない。藁スサが表面に現れた荒壁や小舞が見える下地窓。千利休による妙喜庵待庵も、当時の左官から見ればアバンギャルドでオルタナティブだったはずだ。もっと楽しく、もっと自由に。新しい発想や材料も柔軟に取り入れてみてはどうだろう。

05

—

再び土にかえる

神田ポートビル

design: VACANCES Inc. / 株式会社須藤剛建築設計事務所
photo: 小林久井

ビルの外壁に塗ったのは、京錆土を使った新素材「風土」。

あかるい写真館
OPEN 11:30
CLOSE 21:00

ゆかい

精興社
ほぼ日の學校
ゆかい
サウナラボ神田

天然の土がもつ
温もりと深みのある色彩

イタリアへ行った際、床や水まわり、家具に塗れる天然土の新素材があることを知り、イタリア人ならではの自由な土の使い方だなと感心したことがあった。私の会社でもその素材を輸入したいと考えたが、土を輸入することは難しく、そのときは断念した。しかし、あるとき、土を固められる新しい樹脂のサンプルがメーカーから届いたことをきっかけに、薄塗りで仕上げられる天然土による新素材を開発することになった。

「左官＝土」を想像するかもしれないが、伝統的な建築現場を除くと、実際の左官の現場で土を使う機会はずいぶんと少なくなった。新素材の開発中にちょうど関わっていたのが「神田ポートビル」の仕事で、VACANCESの藤本信行氏が天然の土を使いたいと言うので、新素材の新素材のサンプルを見せたところ、いたく気に入ってくれた。天然の土には京都で採れる赤土の「京錆土」を選び、ざらりとした自然な風合いを出すために0・3〜1㎜程度の大きさの京都の砂を入れることを提案した。

塗るのは、ビルの顔ともいうべき重要な場所だ。樹脂は熱で硬化が始まり、材料を混ぜ過ぎると、乾きが早くなる。一人工の平米数だが、二人工でスピーディーに作業を進め、無事に完成させることができた。金色の看板が飾られたのを見たとき、看板を引き立てつつも決して引き過ぎず、さりげない存在感を放つことができるのは、天然の土がもつ力であると感じた。新素材は「風土」と名付けた。たとえ1㎜程度の薄塗りであっても、土の温もりと質感が十分に感じられる。やはり土はいい、そう思った。

「風土」は京錆土をはじめ、浅葱土やあわ紅土など6種の天然土から選べる。天然の土による深い色合いがそのまま現れ、2、3㎜程度の薄さでも強度は十分ある。テーブルの天板や椅子（写真右）のほか、ガラス瓶に塗って焼きもののように仕上げる（写真左）ことができる。仕上げはフラット、梨肌、ひび割れの3種がある。

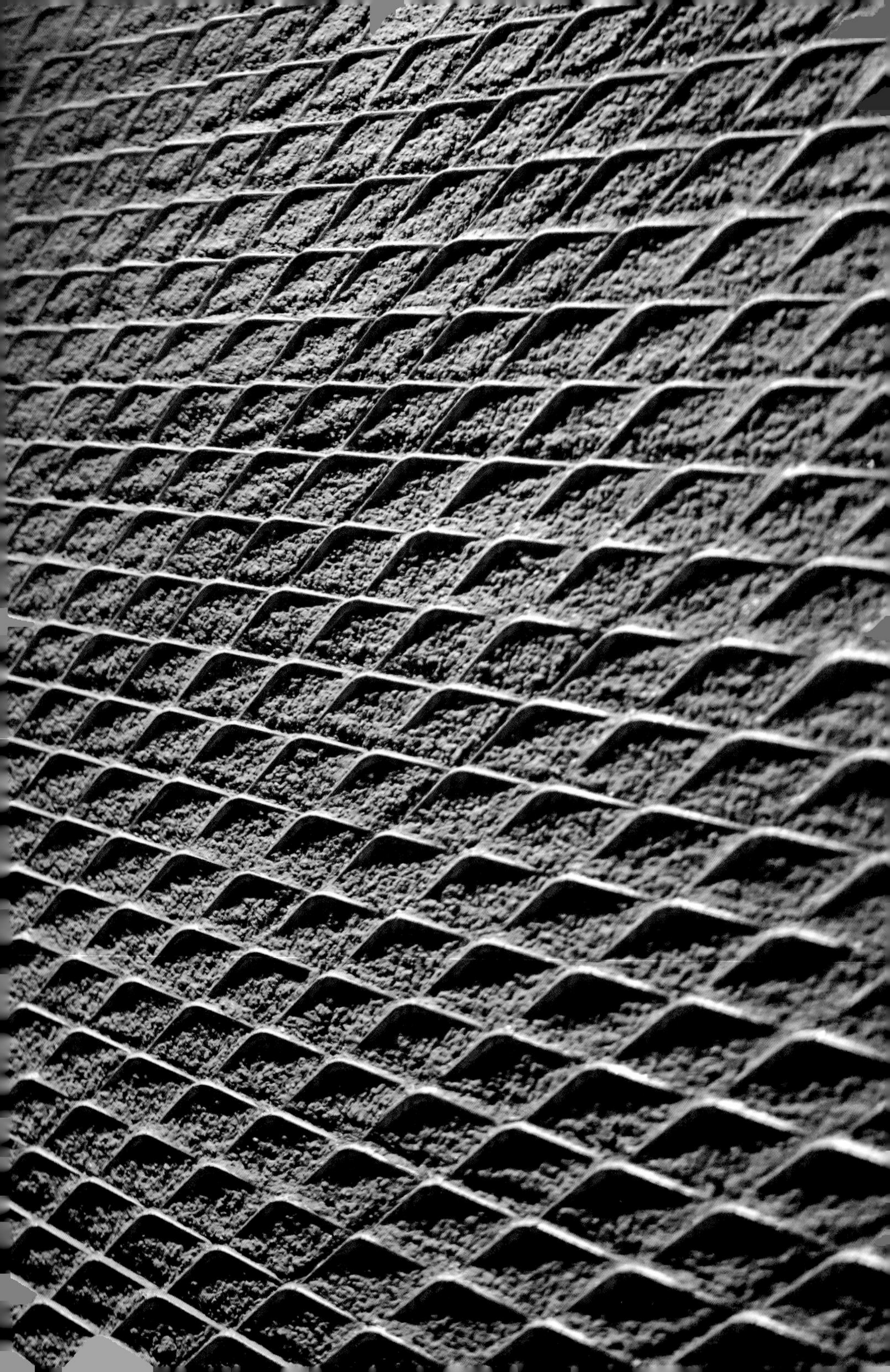

06

組み合わせの妙

Nouvelle Ethnique ATHA

design: PUZZLE inc. 徳田尚之
photo: ad hoc inc. 志摩大輔

正面と右側の壁は、金属メッシュとモルタルの組み合わせ。

b | a

a. チョコレート色のグラデーションのなかで、虎目石がさりげなく輝く。
b. カウンターの下には、左官で立体的に、アジアにある花をイメージした花びらの模様を描いた。

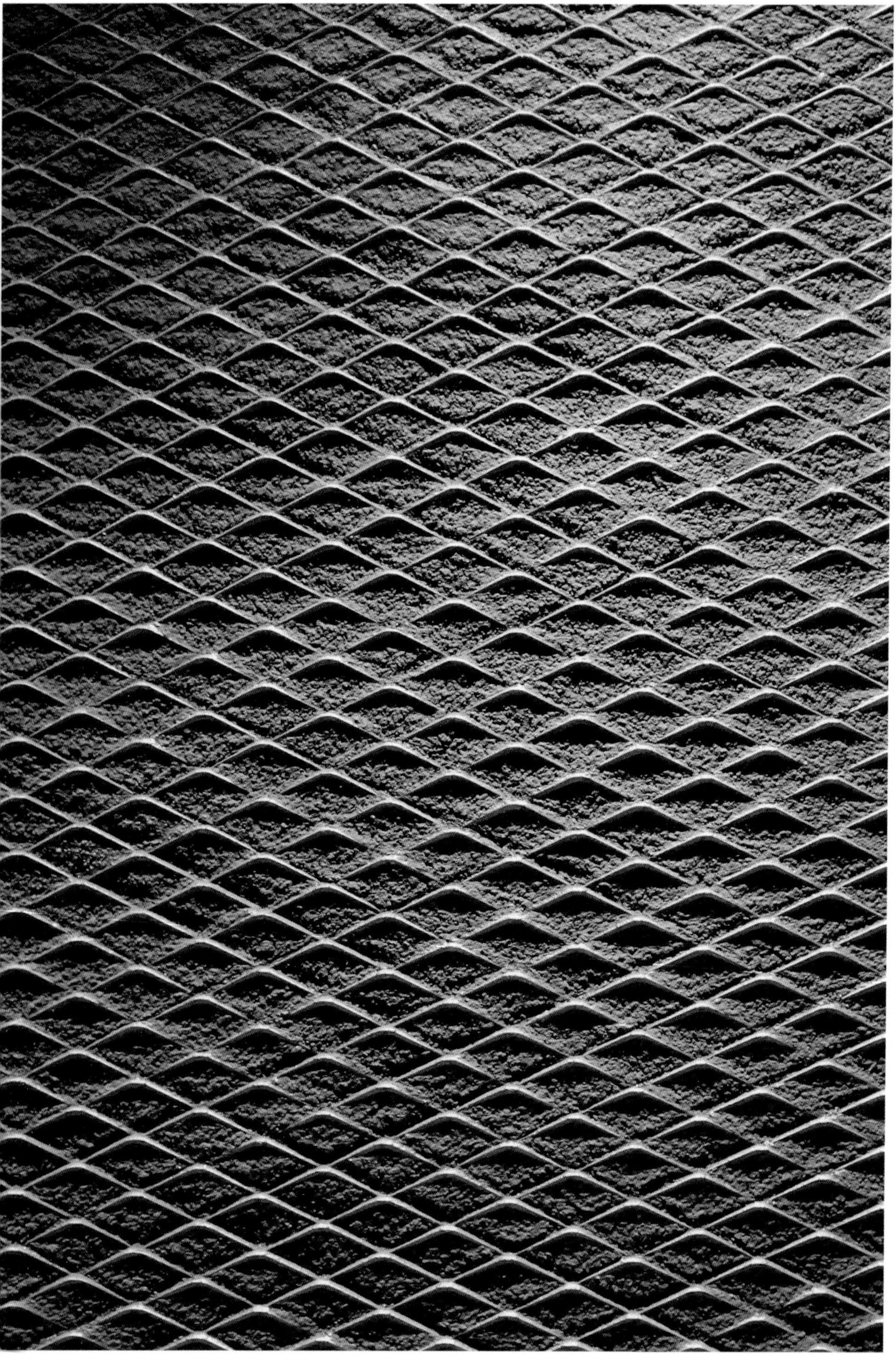

異なる二つの対比が新たな素材の魅力を創出する

異なるものを組み合わせることで、見慣れたものが新鮮に感じられたり、新たな表情を発見することがある。日本人は「組み合わせの妙」が得意な人種ではないかと思う。左官も同様で、意外な素材の組み合わせによって、互いの表情が際立つことがある。

恵比寿のエスニックレストラン「Nouvelle Ethnique ATHA」は、左官に金属メッシュを合わせた珍しい事例である。金属メッシュを敷き、上からモルタルを塗ったあと、表面を掻き落として、中に埋もれていた金属メッシュを表面に出す方法を採用した。

この方法を採った理由はきらりとひかる艶感を出したかったからだが、ならば、ひかる金属の骨材や粉末などを入れたらいいのではないか、と思うかもしれない。現に同じレストラン内では、虎目石を入れ込んで星が輝く夜空のように仕上げた左官壁もある（28ページ）。しかし、デザイナーの徳田尚之氏は、こちらの壁では金属による艶感と同時に、陰影も表現したいとのことだった。表面を剣山のような道具で削っていくのだが、金属メッシュを埋め込んでいるので均一な凹凸が繰り返され、上品な艶感の金属メッシュ、マットなモルタルという対照的な二つが互いの素材感を引き立て合っている。遠目に見ると、その二つが調和し、新しい素材のようにも思える。

徳田氏は左官が好きで、いつもユニークで新しいテーマを振ってくれる。時には難しいテーマもあるが、それは我々を信頼してくれているからだと思うし、その試行錯誤があるからこそ我々も成長できるのだ。

07

ストーリーを語る素材

Cadeau nature 渋谷ヒカリエ店

design: Kii inc.
photo: 兼下昌典

Cadeau
Nature

入り口の壁や床、カウンターの脚部まで、茶葉入りのテラゾで仕上げている。

Cadeau

a
b

a. 商品が映えるシンプルながら美しいディスプレイ。
b.「自然からの贈り物」というメッセージに合わせたナチュラルなデザイン。
c. 丸い玉石と四角の茶葉という形のコントラストが面白い。

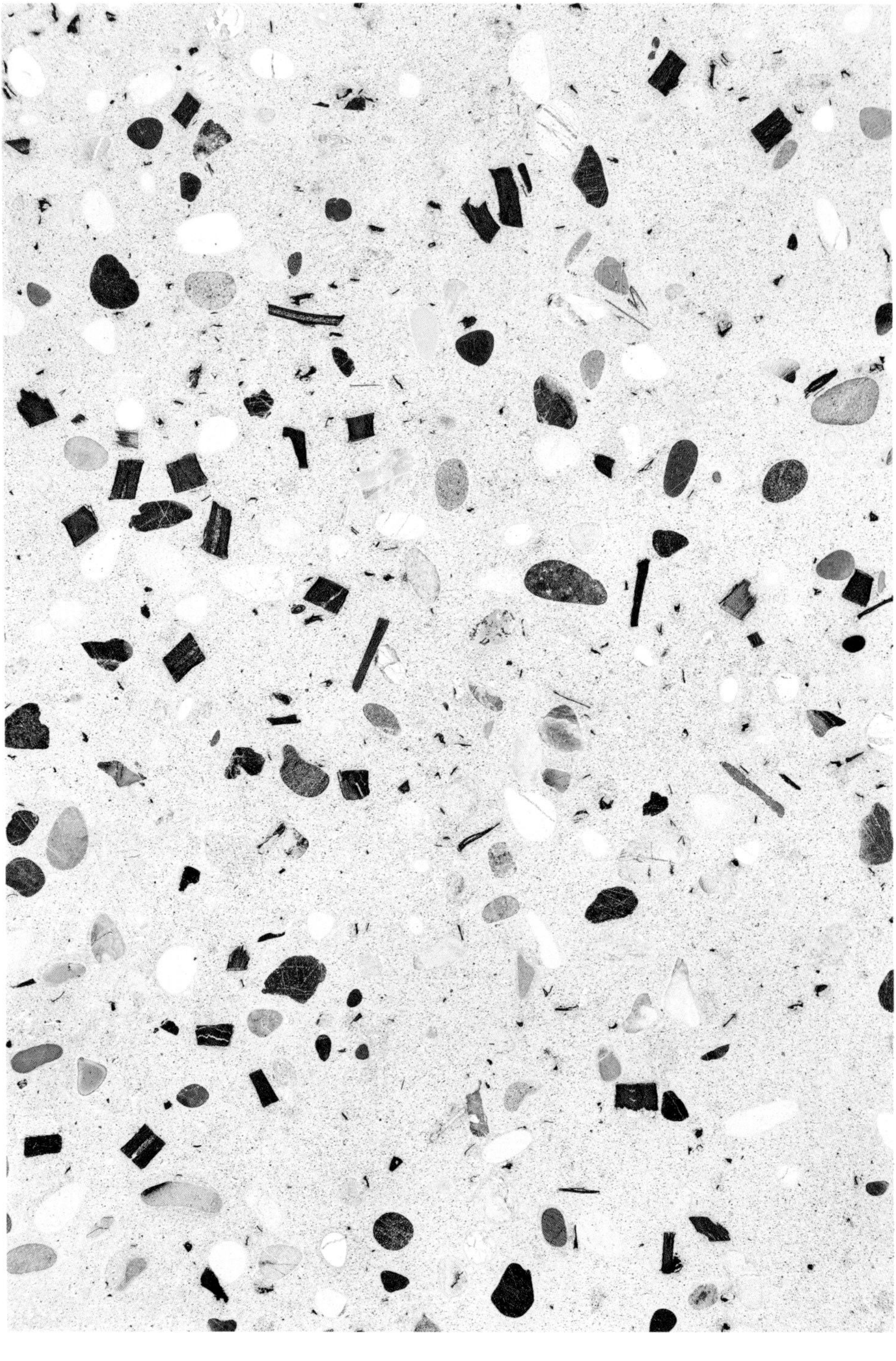

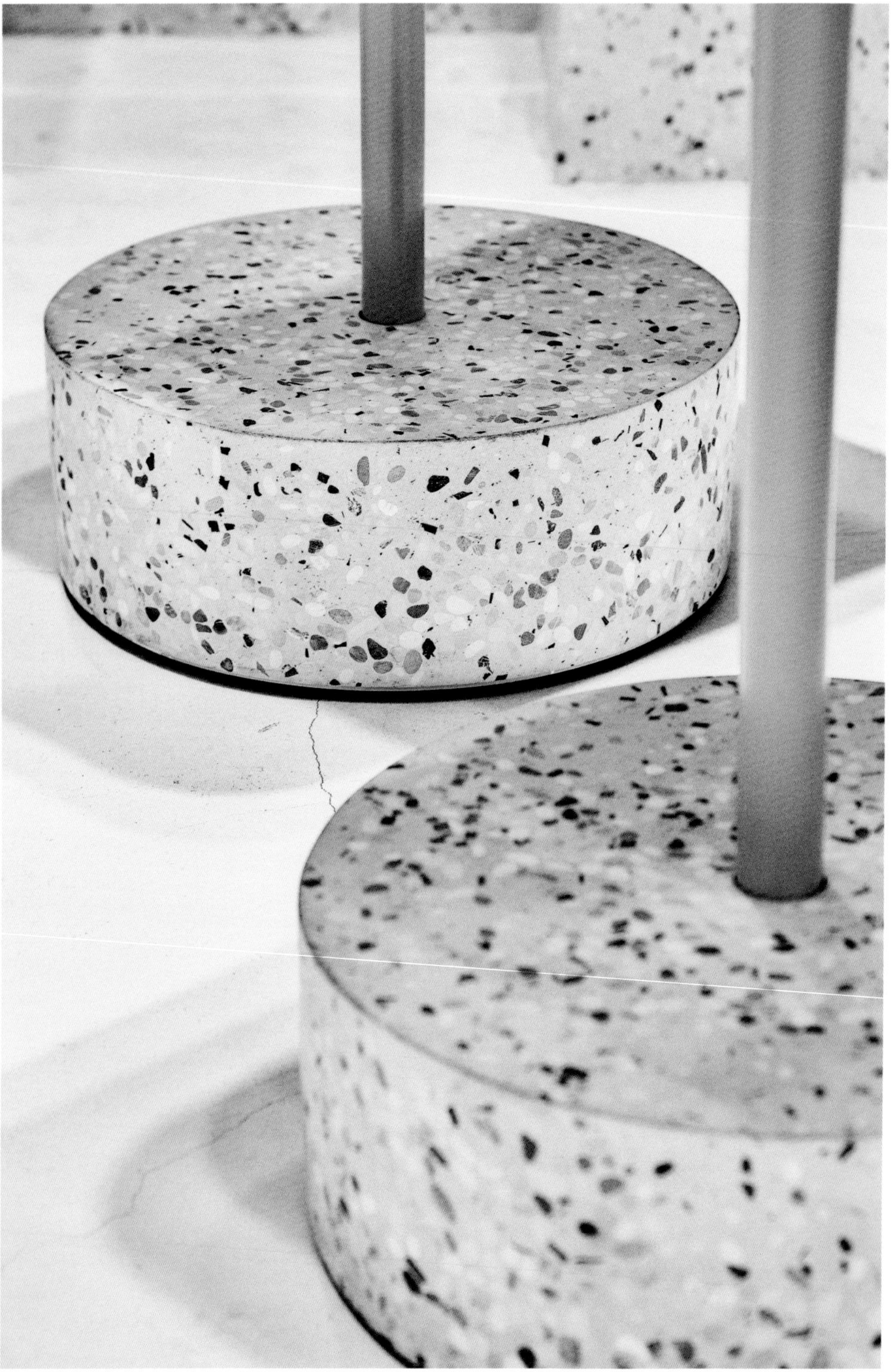

テラゾが器となって
メッセージを静かに伝える

左官は「一点もの」を作るのが得意である。「材料の組み合わせ×動作の組み合わせ」によって左官の表現は無限にあり、お店のコンセプトやストーリーに合わせたオリジナルの素材を作りやすいからだ。

カフェ&ショップ「Cadeau nature 渋谷ヒカリエ店」で左官材に混ぜたのは、このお店の人気商品である「神農茶」というお茶の葉である。建築家の新井里志氏、中富慶氏からは「自然からの贈り物」というブランドメッセージに合わせ、石と石の間に茶葉を散らしたテラゾを作りたいとのことだった。そこで我々が提案したのは、洗い出しシート（裏面にネットを貼り付けた天然石のシート）とテラゾを組み合わせた方法だ。茶葉が少なくても目立たないし、多過ぎてもうるさくなる。30㎝角に混ぜる茶葉の量を正確に計り、量が異なるサンプルを数パターン作って検討した。

玉石の洗い出しシートを下に敷き、その上から茶葉を練り込んだ目地材を塗りつけていく。研磨の際は、石と茶葉という硬さがまったく異なるものを一緒に研ぎ出せるのかが心配されたため、事前に試作を行い、茶葉が飛ばないよう丁寧に研磨していった。研磨によって玉石と茶葉の断面が現れ、丸くポップな玉石の間に茶葉の四角い断面がちりばめられたオリジナルのテラゾを作ることができた。壁や床だけでなく、カウンターの立ち上がり、テーブルの脚部なども同じ材料で仕上げており、統一感のある内装に仕上がっている。ブランドのストーリーを語らせるのに、左官ほどうってつけの材料はないように思う。

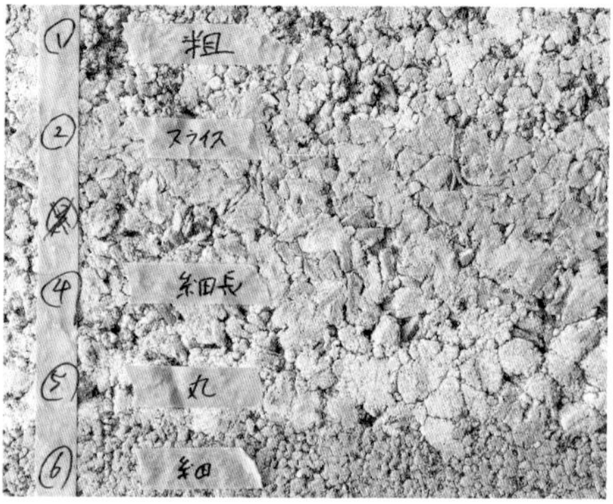

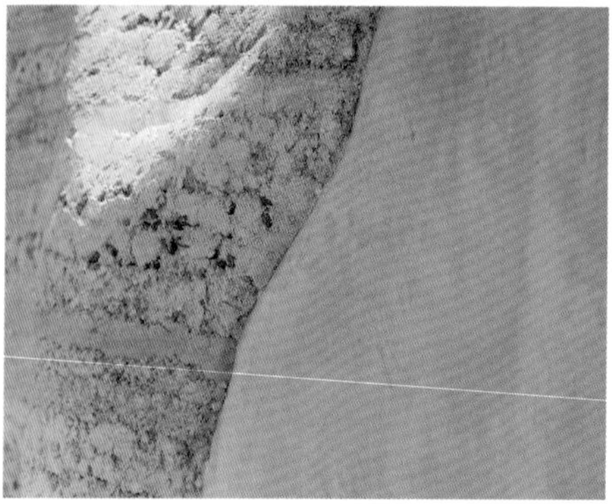

「アーモンドマイスター® グランデュオ蒲田店」で、設計の方から伝えられたイメージはグランドキャニオンのような岩。実際にアーモンドを入れて岩のような左官を作りたいということだった。粒ごと、クラッシュ、スライスなどさまざまな形状の煮沸消毒したアーモンドを入れ、３Ｄ加工した発泡スチロールの下地として版築のように層を作ることで実現した。

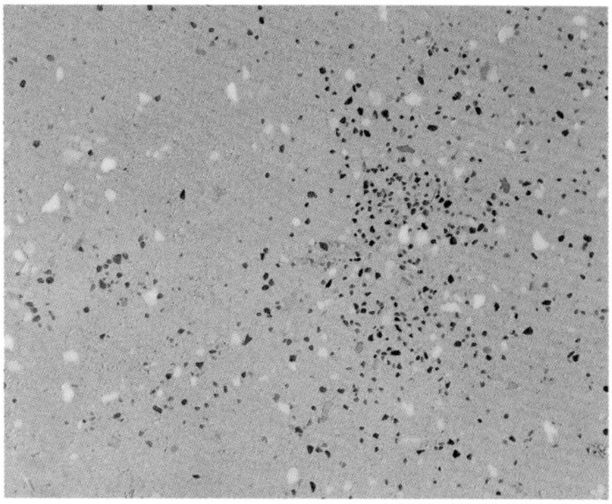

ブックホテル「箱根本箱」のレセプションの壁はテラゾで仕上げたが、周りの壁は寒水石を骨材とし、中央の壁だけを際立たせるため10㎜ほど塗り足して、15㎜と大きな黄色のリサイクルガラスを用いている。黄色のガラスがランダムに配置されるよう壁に投げつける方法を採り、その際には建築家の海法氏も加わってくれた。

08

かさねの色目

64 Barrack st.

design: 株式会社セカンドプランニング
photo: 小林久井

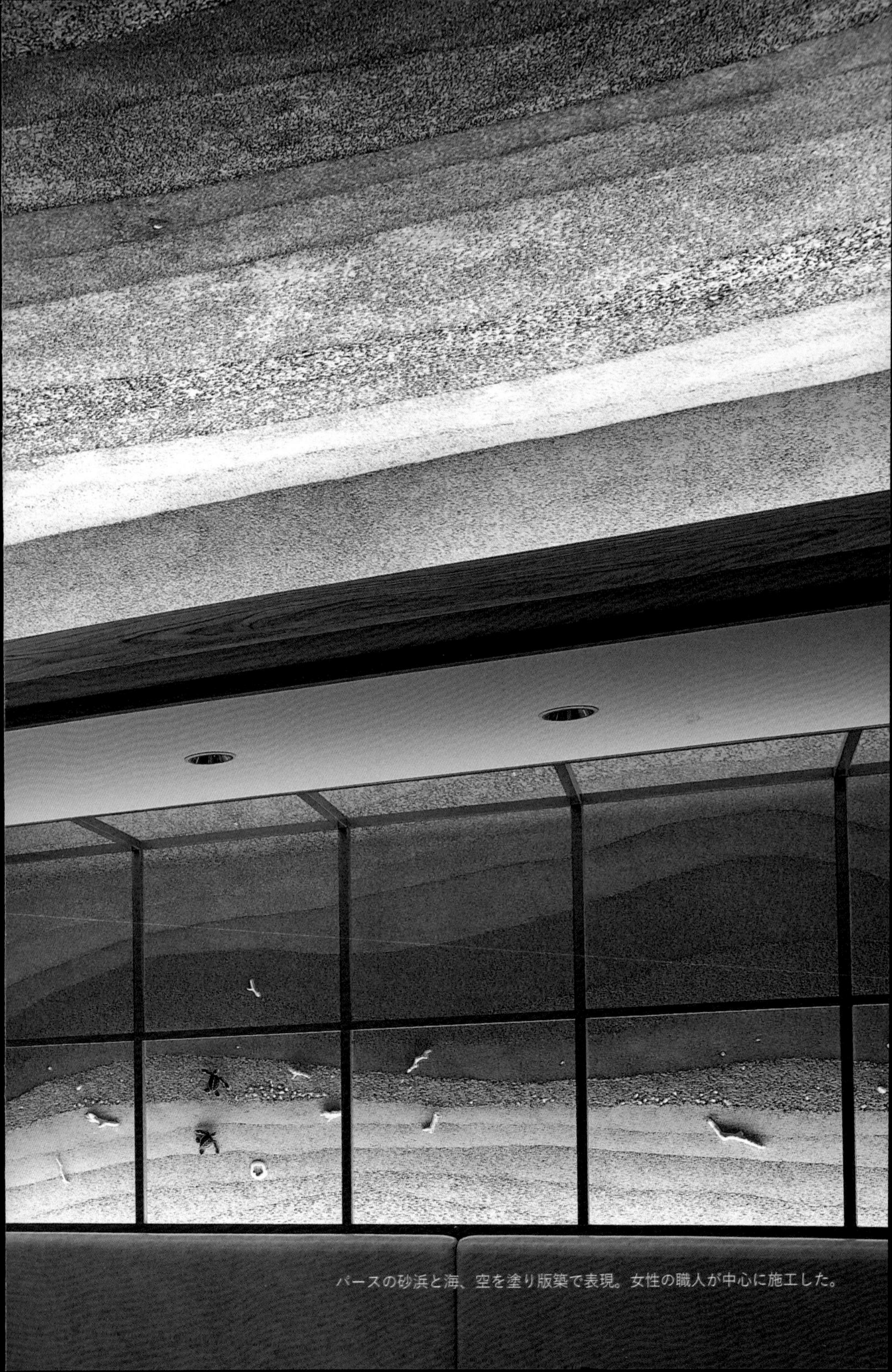

パースの砂浜と海、空を塗り版築で表現。女性の職人が中心に施工した。

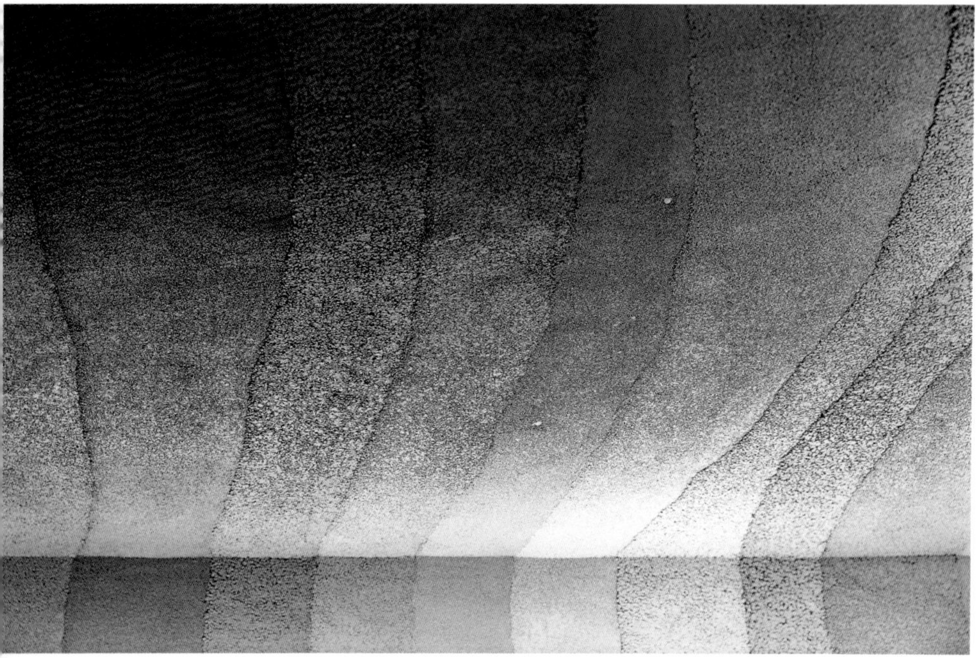

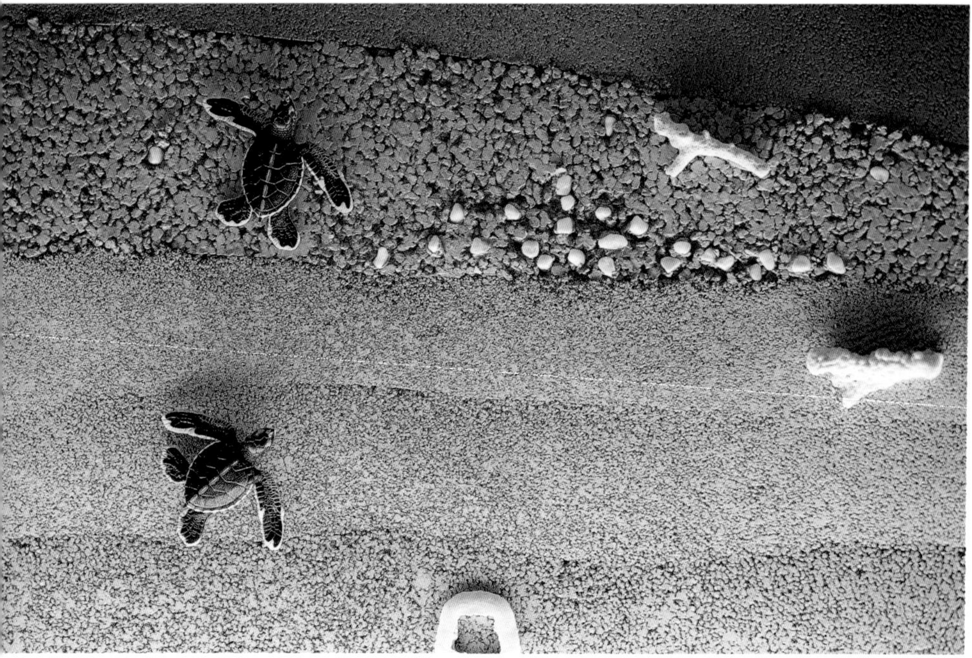

a / b

c

a. 天井は折り上げ部分も塗り版築で仕上げている。
b. 白い粒は蓄光材。珊瑚や亀のオブジェはオーナーがあとから付け足している。
c. 窓の向こうに海が見えるイメージから、格子をあしらっている。

積層する色と質感が
アートのように浮かび上がる

版築とは土を型枠に入れ、上から突き固めて作る工法のことである。高さ10㎝程度ずつ固め、それを繰り返していくので、地層のようになる。日本では土塀などで見たことがあるかもしれないが、版築による建築は世界中にあり、紀元前から存在するほど人類が親しんできた工法だ。近年ではヨーロッパで見直されており、日本でも人気が高まっている。私の会社でも、15年ほど前から版築を表現したいという相談を受けるようになり、工期の短い店舗でも使えるようにと考え出したのが「塗り版築」だった。これはセメントと顔料を主とし、鏝塗りで版築を表現したものである。

西新橋にあるオーストラリアンワインダイニング「64 Barrack st.」は、店内に入ると、壁から天井にかけての、アートのような版築が出迎えてくれる。オーナーと設計者からは、西オーストラリアのパースの海と空を表現してほしいということだった。そこで、砂浜から透明感のある海、真っ青な空、そして南十字星が輝く夜空を、塗り版築で表現することを提案した。1段ずつ色を変え、骨材の粒度をさまざまに変えて塗り分けることで表情を変化させていく。天井はボロボロと落ちることがないよう、水分を多くし密度を高めた。伝統的な版築だと天井を作ることは基本的にできないので、天井への施工は塗り版築ならではといえるだろう。タイトルの「かさねの色目」とは、平安時代の貴族が楽しんだという着物の重ねにおける色づかいのことだが、色や質感のかさねていく塗り版築もどこか似ており、そんなふうに組み合わせを楽しんでほしいと思う。

住宅の壁を塗り版築で仕上げた事例。通常は直線的なラインだが、特注仕上げとして波打つような曲線で層を作っている。施工当時はオーナーにも立ち合ってもらい、直接、希望を聞きながら曲線を下書きした。加えて、アクセントとなる色を入れたいとの要望があったため、グレーを差し色にした。

千駄木にある原田左官のショールーム「SAKAN LIBRARY」は「左官の図書館」をコンセプトにし、常時100種以上のサンプルをそろえている。外壁の塗り版築はグレーを基調とし、骨材の粒度の違いで肌合いに変化をつけながら層を作っている。ラインを連続させて出隅を施工すると、より版築の重厚感を表現できる。

message from

藤本信行
VACANCES Inc.

直近のプロジェクト「神田ポートビル」では、建物の顔づくりにおいても重要な耐震補強壁を、天然土を用いた左官で仕上げたいと考えて迷わず原田左官さんへ相談したところ、提案してくださったのは、関東では入手の困難な京錆という赤土を主原料として、原田左官さんが新たに開発した薄塗りの特殊な土壁でした。原初の建築材料といえる土を、現代のニーズに対応する材料へと応用すべく実験を重ねて発明に挑む作業場の様子はラボラトリー然としていて、そこにいる職人、いや研究者集団にほれぼれと見とれてしまったのを覚えています。担当のベテラン職人のニックネームが奇しくも「教授」。混ぜる砂の粒度、施工時の鏝の入れ方についての要望を教授ははねつけずに真摯に聞き入れ、京錆の美しさを最大限に引き出す塗り方をぎりぎりまで模索してくださいました。仕上がった独特の赤さび色の壁は、自然の力とこの場を営む人々の温かさを象徴するような、文字どおり建物の顔となりました。天然土と原田左官さんの仕事にすっかり魅了された私は、ひょんなことから同ビル内に作ることになった茶室のなかで、床の間に自らの手で竹小舞下地を組み荒壁を施工するところまで勢いづいてしまったという余談はさておき、これからも、教授に学びながら、原田左官さんと一緒に空間づくりのお仕事ができることを切に望んでいます。

NOBUYUKI FUJIMOTO

原点を忘れずに現代左官に向き合い、
果敢に発明に挑戦する「研究者」集団は、
私の憧れです。

photo: ゆかい

加味される技

技術と技能、二つの融合が
左官を進化させ
可能性を広げる

「技術」と「技能」がある。技術はテクノロジーであり、書物から学ぶことができ、技を記録し他者に伝えることができる。一方、技能はスキルだ。自らの体で覚えた技であり、人に宿る。だから、経験することでしか体得できない。

左官職人になるには長い修業を要するといわれてきたが、それは、技が人に宿るからである。しかし、あらゆることが急速に進化している現代社会では、技術と技能の融合が重要になると考えている。技を継承する後継者がいない、あるいは継承するのに時間がかかるなどの理由で、多くの伝統の世界で技が失われつつあるのは、非常に残念なことだ。

技術だけを知っていても使えなければ宝の持ち腐れで、技術を活かし体得することで、それは技となる。左官は技が加わるからこそ、完全にコピーすることができない。同じもの、つまりコピーを大量に作ることを目指した工業化社会にあって、左官は遅れたものととらえられてきたが、コピーができないというのは、そこにしかないオリジナルを作れるということを意味する。

左官は、手仕事による最先端の技なのだ。

左官技術は大陸から伝来し、最古の左官仕事として日本に残るのは飛鳥時代の法隆寺の金堂と五重塔である。そのとき、すでに今日の土壁とほとんど変わらない方法で壁を作っていたというから驚かされる。その後、時代の流れとともに発展し、火事が多い江戸時代には耐火のため漆喰で壁全体を覆う工法が広まった。明治期に入ると、擬洋風建築に漆喰装飾が施され、職人たちは腕をふるった。

現代を生きる左官として、今の空間や暮らしに合うよう新しい材料や工法も積極的に取り入れながら、アップデートしていきたい。

テクノロジーは新しい可能性をもたらしてくれる。３Ｄプリンターの登場で立体的な表現も短い期間で施工できるようになり、進化するプライマーのおかげで家具や水まわりにも天然土が塗れるようになった。

人が触れることが多い家具は、少しでも歪みがあると違和感となるため、特にエッジの施工が難しい。壁を塗る際とはまた違った配慮が必要となり、そうして新たな技術が身についていく。

今はタイルやレンガ、水がつなぐもの同士を組み合わせ、新しい左官の工法も思案中だ。アイデアは尽きない。

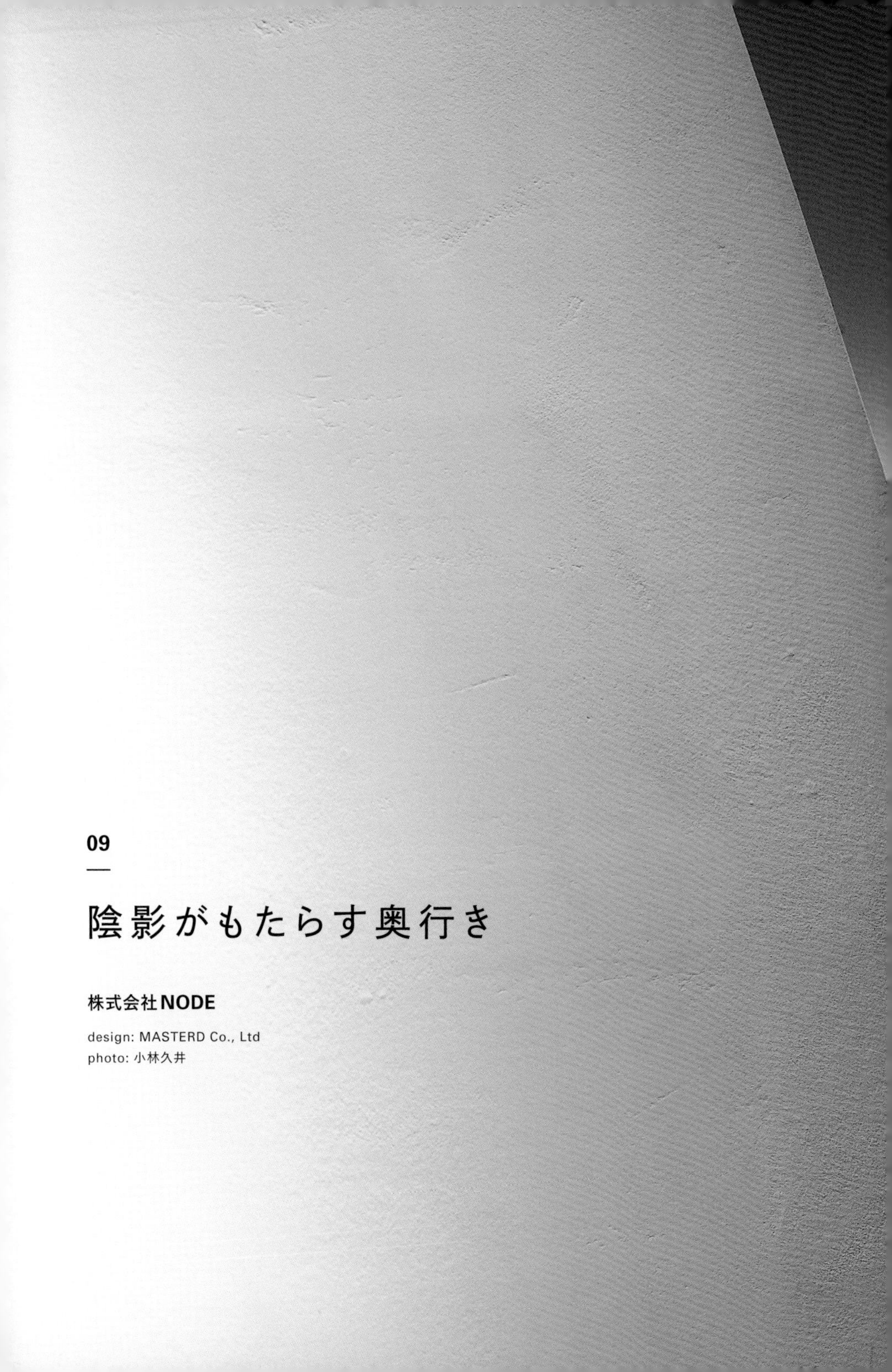

09

—

陰影がもたらす奥行き

株式会社NODE

design: MASTERD Co., Ltd
photo: 小林久井

a

b

a. 曲線のエッジをシャープに仕上げることで、くっきりとした陰影に。
b. 下に行くほどライン同士の幅が狭くなり、鋭角になる。
c. 複雑な三次曲面のため、見る角度で表情が異なるのが面白い。

立体的な曲線が描きだす彫刻のような陰影

左官は立体的な表現も得意である。2012年に復元された東京駅丸の内駅舎の北側のドーム天井を見てもらえば分かるだろう。ドームの内壁の八方位に飾られた干支のレリーフは現在、落下防止のためにガラス繊維強化石膏で作られているが、1914年の創建当時は漆喰で作られていた。また、「鏝絵」という言葉を聞いたことはないだろうか。鏝を使って立体的に盛られた絵のことである。江戸時代の左官職人、入江長八が有名で、鏝絵を装飾左官の一つとして発展させた。

現在の店舗の現場でも、左官はその装飾性や造形力を遺憾なく発揮してくれる。麹町のコンサルティング会社、NODEのオフィスは、入り口に会社の顔となるような造形を左官で作りたいという要望だった。デザインを手掛けたMASTERDのアイデアは、企業のモチーフから発想したという、立体的な曲線がプリーツのように重なったイメージだった。下方に行くに従って幅が狭くなり、曲線の角度がすべて異なるという三次曲面による複雑な形状だった。すべてを左官で盛り上げることもできなくはないが、時間と費用を要する。そこで、ピラミッドのように積層させた木下地を作り、その上にモルタルを盛り上げていく方法を採った。ラインの角を出すため、モルタルが半乾きのうちに木の型でエッジを出していくのだが、すべて角度に合わせて型も一つひとつ製作した。最後は珪藻土で仕上げた。光が当たると陰影がより強調され、彫刻のようなアーティスティックなたたずまいだ。デザインと左官の技術がコラボレーションした力作である。

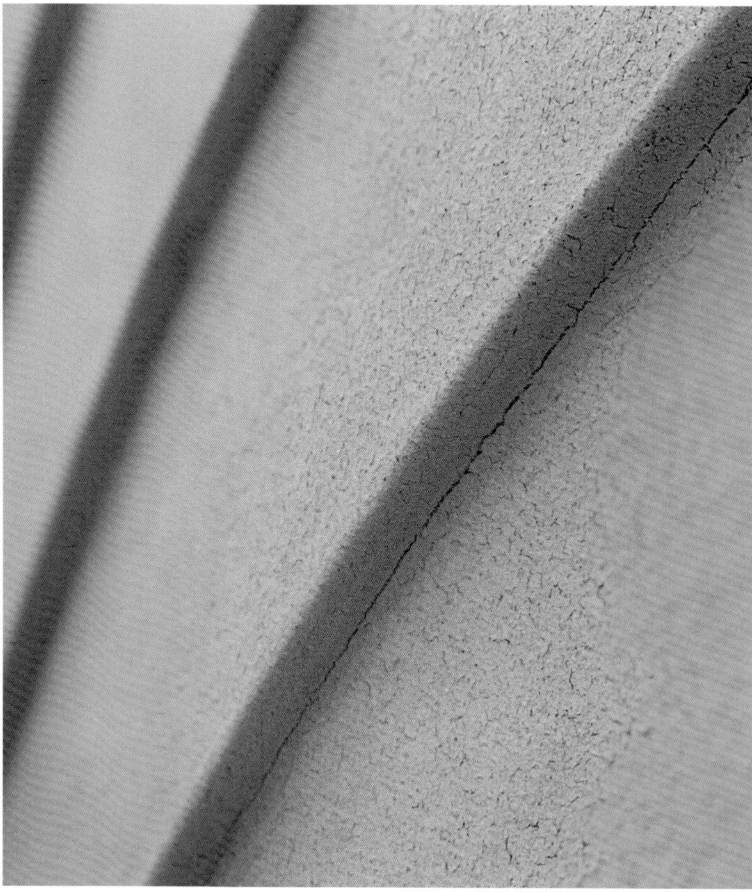

マンション「ジオ練馬北町」のエントランス。多くの人が行き交う場所のため、表面強度のある土壁を採用した。土の色合いを表現するのは難しく、色の調整だけで半年ほどかかった。表面に小ヒビが入る仕上げは、厚みや材料の調合を調整しながら、均等に入るようサンプルを何度も製作した。

10

水がつなぐもの

MUJI Diner 銀座

photo: 小林久井

c | a / b

a．コーナー部分は、ぶつかっても大丈夫なように角を削っている。
b．さまざまな貼り方を組み合わせることで、空間に躍動感が生まれている。
c．ランダムに凹凸を付けた貼り方で、厚みを感じさせる壁を演出している。

レンガの多彩なパターンが空間に躍動感をもたらす

左官は水を使う仕事である。「湿式工事」と呼ばれ、仕上げから乾燥までに時間がかかることから現場サイドから敬遠されていた時期もあったが、近年は見直されている。その日の天候や湿度によって水分量を変えたり、乾燥具合や水の引き加減を見ながら仕事をするという、自然と対話しながらの仕事だといえる。タイルやレンガも同じく湿式工事で、左官とは親戚のようなものだ。現在は専門職ごと、例えば左官工事なら左官職人、タイル工事はタイル職人、防水工事は防水職人など、それぞれの施工を分離発注するのが一般的だが、かつては左官職人がタイルを施工することは珍しいことではなかった。私の会社が、左官を中心にタイル、防水、組積など水にかかわる湿式工事をトータルで請け負っているのは、発注の手間を減らすためだけでなく、領域を超えた統一感のある提案ができると思ったからだ。

２０１９年に銀座の並木通りにオープンした「無印良品 銀座」の地下１階にある「MUJI Diner 銀座」は食材にこだわったレストランで、内装も自然素材を追求している。設計側から伝えられたイメージは食品倉庫。そこで、壁はアンティークのような風合いのレンガを３等分にスライスし、うま貼りやフランス貼り、ヘリンボーンなどのパターンで貼り分け、変化をつけることにした。これらは下から積むレンガでは難しく、レンガを貼る手法を採ったからこそできたものだ。凹凸をつけて貼っているので、見る角度によって表情が異なるのも面白い。どこか懐かしく、でも新しい。レンガのおかげで、そんな空間になったと思う。

タイルもレンガも左官の親戚のようなもので、
両者の境界は明確ではなくなってきた。
タイルの魅力を伝えるために作った「TILE LIBRARY」は、床に人気のテラゾタイル（写真上）を貼っているほか、サンプルや貼り方の見本などを多数展示している。左官とタイルを融合させた独自の提案も行っている。

11

—

変幻自在のかたち

PÂTISSERIE ASAKO IWAYANAGI

design: 株式会社creA

グレーのモールテックスが美しいパフェの背景となる。

b | a
c

a．ショーケースが並ぶカウンターはモールテックスで一体化させた。
b．ガラス越しにキッチンも見えるため、ステンレスの冷蔵庫もモールテックスで仕上げた。
c．テーブルの天板は白い骨材を混ぜたグレーのテラゾで仕上げた。

クリエイションを広げる
ミニマルを極めたグレーの世界観

パティシエールの岩柳麻子氏の名を冠した「PÂTISSERIE ASAKO IWAYANAGI」は、世田谷区等々力の住宅街にある。お店に足を一歩踏み入れれば、グレーに統一されたスタイリッシュなブランドの世界観に引き込まれる。主役は、岩柳氏が創り上げる芸術作品のような美しいパフェやケーキである。それらを引き立てるため、モールテックスを使いたいと相談されたのが始まりだった。今でこそモールテックスの認知度も高くなったが、2015年当時は私の会社も扱い始めたばかりで、カウンターに塗る程度の現場が多かった。岩柳氏のご主人で建築家の宿澤巧氏が設計を担当しており、床・壁・天井から家具に至るまで、すべてをグレーで仕上げたいという。とはいえ、塗装では表情に乏しい。グレーというシンプルな空間だからこそ、本物の素材にこだわりたいということだった。

壁はモルタル、床やカウンター、建具にはモールテックスを塗り、カウンターはつなぎ目が出ないようアールでつなげた。テーブルの天板は白い骨材を混ぜたテラゾに。同じ色を違う素材でつなげるのは難しいうえ、シンプルなデザインほど粗が目立ちやすいことから、ディテールや色味には特に気を配った。照明が当たると床が明るく見えてしまうため、床は壁よりワントーン暗いグレーを選び、空間全体が同じ色に見えるように調整した。大きな規模の現場を経験し、職人たちの自信にもつながったようだった。現在、計画中の3店舗目についても依頼されている。次の仕事を頼んでもらえることが最大の賛辞である。

建築家の石井秀樹氏からの希望はアーチのトンネルを左官で仕上げたいとのことだった。まずは木下地でトンネルを作り、ドイツ漆喰で塗って丸みを出した。事前にサンプルは出していたが、細かなコテのタッチなどは現場で建築家と決めていった。特に三次曲面となる入隅の施工が難しく、細長く小さな鏝で仕上げている。

繭に包まれるような形状の離れの室内の、床・壁・天井をすべて同じ素材で仕上げたいと相談された。そこで、素足で触れても心地よく、強度のある土佐漆喰を提案した。土佐漆喰は石灰と藁を混ぜて寝かし、藁を発酵させて粘性を出したもので、色は優しい象牙色だ。床は割れにくいようにガラスメッシュを全面に入れ、数回塗り重ねた。

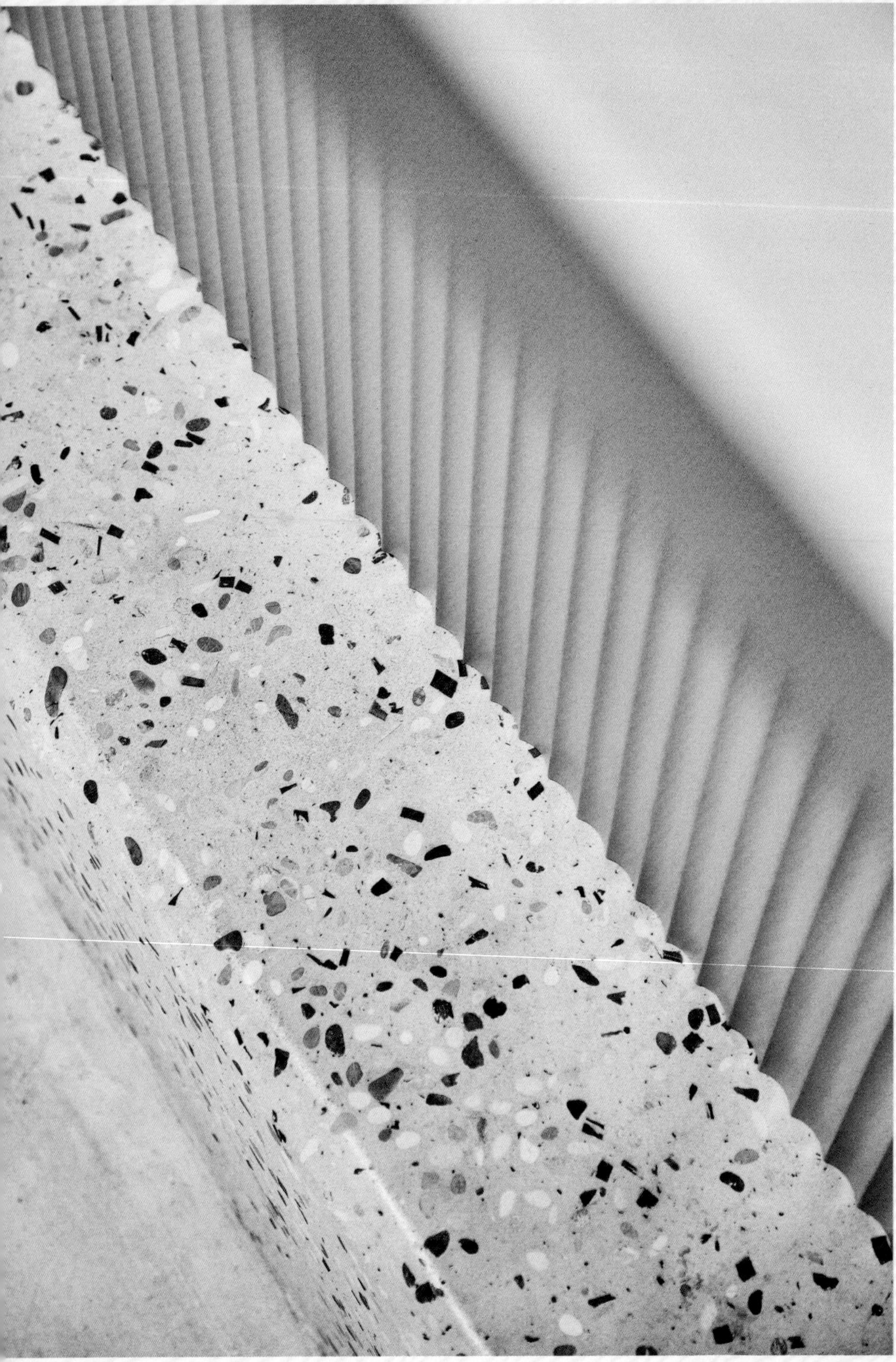

message from

新井里志
+
中富 慶
Kii inc.

「自然の贈り物」をコンセプトにしたブランドの世界観が伝わるような空間を表現するにあたり、ブランドの象徴する“お茶の葉”を取り入れたテラゾを作りたいと思い、原田左官へと相談しました。
打ち合わせを重ねイメージを共有しながら、数種類のお茶の葉と小石や色粉の分量や組み合わせを調整した何通りもの試作品を作っていただきました。
最終的には、お茶の葉と小石のきれいな断面が現れ、にじみ出たお茶の色と基材の色粉が混ざり合いマテリアル全体が絶妙なブルーグリーンになり、目指していたブランドのコンセプトを象徴するマテリアルとなりました。
デザイナーの意図を汲み取りトライ&エラーを繰り返すことで我々がもっているイメージを形にしていけるところが原田左官の強みではないかと思います。
伝統的な左官の技術を土台に、常に新しい技術を探求しているところも魅力。表現の幅を広げてくれる貴重な存在です。

SATOSHI ARAI
+
KEI NAKATOMI

デザイナーのもつイメージを形にできる
柔軟な姿勢で常に新しい技術を探求することで
表現の幅を広げてくれる貴重な存在

“いま”をつくる

左官は1000年以上の歴史をもつ仕事である。平安時代には、建築の仕事を司る木工寮《もくりょう》に属《さかん》という役職があり、その役人が宮中の壁を塗っていたことが現在の左官の語源といわれている。

時代の大きなうねりのなか、隆盛を誇ったときもあれば、逆境のときもあった。全盛期の1975年には約30万人いたとされる左官職人は、現在は7万人ほどといわれている。

それでも、左官の未来について、私はまったく悲観していない。硬さと柔らかさ、荒々しさと繊細さ、強さとはかなさ。矛盾したものを併せ持ち、不思議な魅力を備える左官には、他の素材にはない魅力がある。

振り返れば、太古の昔から人類は、土を団子状に丸めて積み上げ、壁を作っていた。左官は原始的な行為が始まりだった。左官の手仕事に人が惹かれ、心地よさや安らぎを覚えるのは、本能なのだと思う。

機械化によって職人の仕事もなくなるのではないかと言う人もいるが、

そうは思わない。人が人である限り、手仕事のよさは決してなくなることはない。

時代に合わせて職人を育てることも重要だと考えている。これからは「見て覚えろ」ではなく、職人たちが切磋琢磨しながら学びあう仕組みをつくることが必要だ。

原田左官には、土間のスペシャリストから漆喰のスペシャリストまで多彩な職人が50人ほど在籍し、要望に合わせてチームを組む。みんなで新しい材料や工法を研究し、共有することを大切にしている。

時代は移り変わる。伝統技術である左官も常に変化し進化していく。しなやかに、したたかに。近年、エコや健康などの観点からも、改めて左官が再評価されているのはうれしいことだ。伝統を見直すことは決してノスタルジーではなく、現在を見つめることにほかならない。そうして、新しい未来は拓かれる。

有限会社原田左官工業所　代表取締役社長　原田宗亮

原田宗亮
Muneaki HARADA

有限会社原田左官工業所　代表取締役社長
二級建築施工管理技士・左官基幹技能者
1974年、東京都生まれ。2000年に有限会社原田左官工業所へ入社、2007年に代表取締役社長就任。「夢とロマン」を経営理念に掲げ国内唯一の提案型左官として、従来の左官工法にとらわれない柔軟な発想と高いデザイン性・技術力で、年間1500件の施工実績を誇る。現在は左官の技能講習会やワークショップの企画・開催も行っており、左官の啓蒙活動に尽力。動画を取り入れた新人教育など現代的で独自の左官職人育成プログラムが注目され、さまざまなメディアに出演し講演も多数行っている。また、建築業界のダイバーシティを推進しており、特に女性の左官業界への参加に注力。「女性の参入で建築業界を変える」ことをモットーに、女性が働きやすい職場づくりを目指している。著書に『世界で一番やさしい左官』（エクスナレッジ）、『新たな〝プロ〟の育て方』（クロスメディア・マーケティング）がある。

事例データ

p. 28
Nouvelle Ethnique ATHA
design: PUZZLE inc. 徳田尚之
photo: ad hoc inc. 志摩大輔

p. 29　p. 110–111
TILE LIBRARY
design: シイナケンイチデザイン　釉合同会社デザイナー　椎名健一
photo: 小林久井

p. 37
blink
design: 株式会社ソト

外房線 上総一ノ宮駅
design: 東日本旅客鉄道株式会社千葉支社・株式会社JR東日本建築設計
photo: IMARNO MOUTON

アジアンビストロ Dai 日本橋店
design: PUZZLE inc. 徳田尚之
photo: ad hoc inc. 志摩大輔

p. 78
アーモンドマイスター® グランデュオ蒲田店
photo: 生熊友博

p. 79
箱根本箱
design: 海法圭建築設計事務所
photo: 株式会社自遊人（上段左）

p. 88
H様邸
design: 住友林業株式会社 井家
photo: IMARNO MOUTON

p. 89
SAKAN LIBRARY
design: 古谷雅勇アトリエ
photo: 小林久井

p. 102–103
ジオ練馬北町
design: 株式会社南條設計室
photo: 株式会社エスエス

p. 120
中目黒の家
design: 石井秀樹建築設計事務所株式会社
photo: 鳥村鋼一

p. 121
高瀬邸
design: Style is still Living,inc.

Staff

Design
竹田麻衣子
Photo
小林久井
Production cooperation
植本絵美

本書についての
ご意見・ご感想はコチラ

オルタナティブ　原田左官工業所の仕事

2021年　10 月　28 日　第1刷発行

著　者　　　原田宗亮
発行人　　　久保田貴幸

発行元　　　株式会社 幻冬舎メディアコンサルティング
〒151-0051　東京都渋谷区千駄ヶ谷4-9-7
電話　03-5411-6440（編集）

発売元　　　株式会社 幻冬舎
〒151-0051　東京都渋谷区千駄ヶ谷4-9-7
電話　03-5411-6222（営業）

印刷・製本　大日本印刷株式会社
装　丁　　　竹田麻衣子

検印廃止

ISBN 978-4-344-93445-0 C0052
幻冬舎メディアコンサルティングHP
http://www.gentosha-mc.com/